Traducción: Ismael Funes Aguilera

Primera edición, 2020

© Chang-hoon Jung, texto
© In-kyung Noh, ilustraciones
© 2012 Woongjin Thinkbig Co. Ltd
© 2018 Ediciones Ekaré

Av. Luis Roche, Edif. Banco del Libro, Altamira Sur.
Caracas 1060. Venezuela

C/ Sant Agustí, 6, bajos. 08012, Barcelona, España

www.ekare.com

Título original: 우주인이 되어보자
Publicado originalmente en coreano por Woongjin Thinkbig Co. Ltd.
Publicado bajo acuerdo con S. B. Rights Agency - Stephanie Barrouillet

ISBN 978-84-121636-2-9 · Depósito legal B.6852.2020

Impreso por GPS Group, Eslovenia

Chang-hoon Jung

ASTRONAUTAS

Ilustraciones de In-kyung Noh

EDICIONES EKARÉ

¡Nos vamos de viaje a la estación espacial!
Estaremos unos días en el espacio exterior.
Vamos a ser astronautas y descubrir
cómo es el universo.

¡Bruuum!

El gran cohete que lleva la astronave despega.
Vuela a toda velocidad para alejarse de la Tierra.
¿Cómo se verá el espacio exterior?

La nave
y los astronautas
van aquí.

Astronauta n.º 3

Astronauta n.º 1

Astronauta n.º 2

LANZAMIENTO DE UN COHETE

La lanzadera se eleva.

Se separa el mecanismo de emergencia.

Primera fase de separación.

Caída de la cubierta protectora.

① ② ③ ④

⑤ ⑥ ⑦ ⑧

Segunda fase de separación.

Tercera fase de separación.

Órbita de la Tierra.

Inicio del viaje espacial.

¡Hasta pronto!

¡Buen viaje!

Desde la Tierra, el cielo diurno se ve azul porque la luz solar se dispersa al llegar a nuestra atmósfera. En el cielo nocturno las estrellas titilan, como si el viento dispersara su luz.

Pero allá en el espacio todo es negro.
No hay atmósfera en la cual
la luz se pueda dispersar. Las estrellas
no titilan. Todo se ve muy nítido.

ESTACIÓN ESPACIAL

¡Bienvenidos!

La nave se acopla a la estación espacial
y podemos entrar. La nave ha servido para
transportarnos. Para quedarnos en el espacio
necesitamos la estación espacial, que es
mucho más grande y tiene aire dentro para
poder respirar como en la Tierra.

Esquema de acoplamiento

Esquema de
acoplamiento

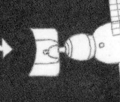

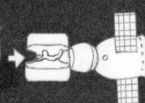

Muy despacio,   la nave se acopla   y se abren las
                  a la estación   compuertas.

A la unión de los dos módulos
se la denomina «acoplamiento».

Cuando te quitas el casco, el pelo se extiende
por todos lados. Intentas llegar al suelo
pero tu cuerpo está flotando. Un astronauta
dice «¡Hola!» cabeza abajo.
Todo flota en la estación espacial.

flop

flop

flop

flop

Al principio estamos
algo mareados.

Tuin tuin

Llevar falda en el espacio
no es lo más recomendable.

La estación espacial tiene varios compartimentos pequeños.
Al explorarla, nos detenemos en el laboratorio.
Es el sitio donde los astronautas realizan experimentos.
Nos fijamos en algunos:

N.º1

¿Se puede encender
una vela en el espacio?

N.º2

¿Las arañas pueden
tejer su tela?

N.º3

¿Pueden brotar
plantas en el espacio?

N.º 4

Día 1 → Día 5

¿Cuánto se te hincha la cara en el espacio?

N.º 5

¿Qué le pasa a tu cuerpo si permaneces mucho tiempo en el espacio?

N.º 6

¿Hacia dónde apunta una brújula en el espacio?

N.º 7

¿Pueden los peces vivir en el espacio?

Resultados:

1 La llama explosionó y se apagó. Adiós.

2 La araña tejió su tela un poco torcida.

3 Las plantas crecen bien en el espacio.

4 La cara se me puso como un bollo de pan.

5 Los huesos y los músculos se debilitan.

6 Si la estación espacial está lo suficientemente cerca de la Tierra, la aguja apunta hacia esta.

7 ¡Sí! Bueno... eso siempre y cuando permanezcan dentro del agua.

Es hora de comer. El menú
es tortilla y carne a la brasa.
También comeremos frutos secos.
Toda la comida viene en bolsas
al vacío, así dura mucho tiempo.
Para calentar la comida se puede
usar un horno eléctrico, o cortar
una esquina de la bolsa y añadir
agua caliente.

La comida sabe
igual en el espacio que
en la Tierra.

RAVIOLIS

ESPINACAS

NATILLA

GARBANZOS

FRUTOS SECOS

Como no hay gravedad, no se puede comer en la mesa.

¡Cuidado! Si los trozos de comida se escapan y se meten en alguna máquina, esta se puede estropear.

Antes, la comida espacial venía comprimida como en los tubos de pasta de dientes.

Después de tanto comer es natural que tengamos sed.
El agua también viene en bolsas. Pero, dado que
sin la gravedad todo flota, no se puede echar ningún
líquido en los vasos. Hay que tomar los líquidos
con una pajita. Incluso si se pone la bolsa boca abajo,
el agua no sale. Si apretamos la bolsa, el agua saldrá
como una gran gota. Pon una pajita en un lado
y empieza a sorber: verás cómo la gota se va haciendo
cada vez más pequeña.

No olvides poner el tapón
cuando termines de beber
para que no se escapen
las bolas de líquido.

Las gotas tienden a unirse
en el espacio
y a formar grandes bolas.

Blop
Blop
Blop Blop Blop

En el espacio, los zumos vienen en polvo. Hay que añadir agua para poder tomarlos.

¡Cuidado con hacer explotar la gran gota de agua!

Después de comer es hora de jugar.
Jugamos a hacer lucha libre, a tirar aviones
de papel, a volar en la alfombra mágica,
al baloncesto y a Supermán.

Lucha libre

Nos tomamos
de los brazos
y giramos en el aire.

¡Patada voladora!

¡Vamos a jugar
a tirar de la cuerda!

Los tirones hacen
que choquemos
los unos con los otros.

¿Oh?

¡Pugh!

Alfombra mágica

Supermán

Aros en el aire

¡Tres puntos!

Fuishh

Si se tira un avión de papel en el espacio,
nunca se cae, continúa volando, volando...

Vamos a hacer la bicicleta
mientras flotamos.

En el espacio no hay cielo ni tierra.
Sin gravedad, alguien pequeño
puede levantar a un grandulón.

Bura bura

Bura bura

50 Kg

40 Kg

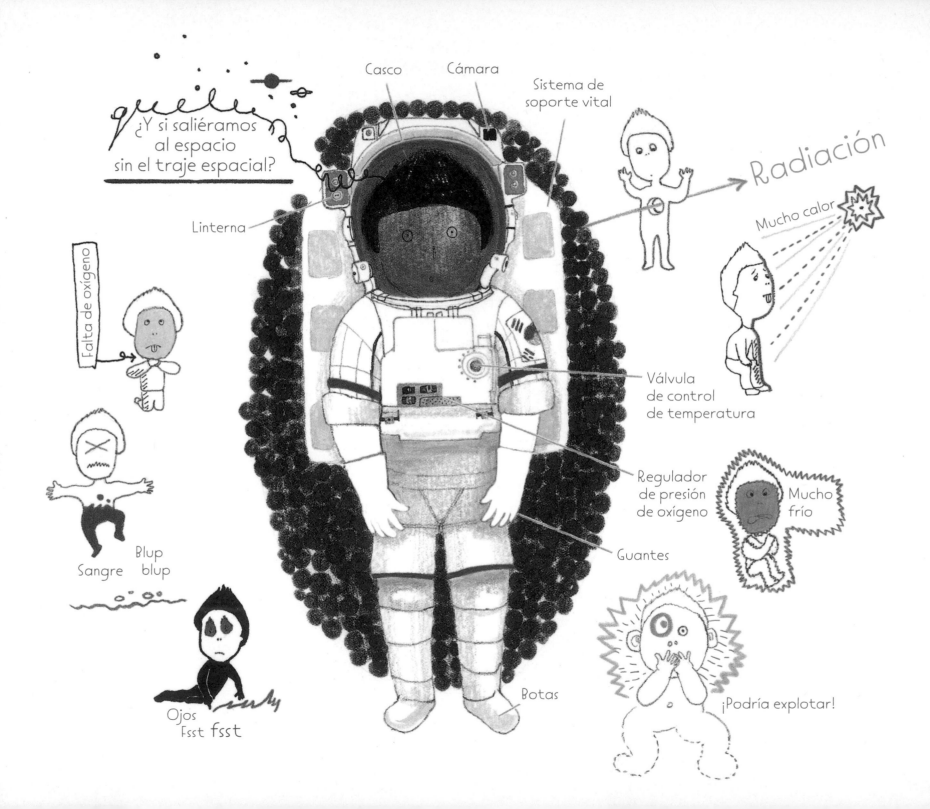

Por eso, para salir al exterior nos ponemos
un traje espacial. En el espacio no hay
aire, así que no podemos respirar. Donde
da el sol quema como el fuego, y donde da
la sombra está frío como el hielo. El sol es
tan brillante que nos podría dejar ciegos.

El traje espacial es como una nave en
miniatura. Gracias a él podemos respirar,
y nos protege del frío y del calor.
El casco nos protege del excesivo brillo
y de la radiación solar.

¡Ahora sí podemos salir al espacio!

En el espacio reina la tranquilidad.
No hay aire y, por tanto, no hay sonido.
Para desplazarnos fuera necesitamos
un módulo de transporte que funciona
con dos cohetes a gas. Desde el universo
oscuro, ¡la Tierra se ve tan azul!

Por mucho que patalees,
en el espacio no vas a
avanzar ni un centímetro.

Módulo de
transporte

Controles del
módulo

Cohete

¡Hacemos el trencito!

Gas

El módulo tiene un mecanismo de seguridad para que no te separes de la estación espacial.

¡Hey! ¡Hooolaaa!

Con el módulo se pueden hacer giros completos.

Después de salir al espacio estamos agotados. Será mejor que nos aseemos y nos vayamos a dormir. Pero la manera de lavarse es diferente en el espacio.

1 Hay que lavarse bien el pelo. Primero echamos agua de la bolsa.

2 Luego ponemos el champú.

3 Y no nos enjuagamos, sino que usamos la toalla para quitarnos la espuma y secar el pelo.

Cómo lavarse el pelo

En el espacio también hace falta papel higiénico.

Váter

El váter del espacio es como una gran aspiradora que absorbe el pipí y la caca. La caca se lleva de vuelta a la Tierra, pero el pipí se filtra, se purifica y se convierte en agua.

Se saca agua de la bolsa como si fuera pasta de dientes para mojar el cepillo.

Luego una pequeña bolita de pasta de dientes.

3 Después de enjuagarse la boca, se escupe todo en una toalla de papel.

4 Y se limpia el cepillo con un trapo húmedo.

2 Nos cepillamos los dientes

fris fris fris

Cómo cepillarse los dientes

Cómo bañarse

Se usa una esponja mojada para frotarse por todas partes.

Los astronautas dicen que cuando vuelven a la Tierra lo que más les apetece es ducharse.

Mañana regresaremos a la Tierra. Pero antes, vamos a dibujar cómo se ve nuestro planeta desde la estación espacial. Qué pena que los rotuladores y los bolis de la Tierra sean tan difíciles de usar en el espacio. La tinta no baja, así que no se puede pintar bien. Por suerte, tenemos lápices de colores. He dibujado en mi cuaderno una Tierra fantástica.

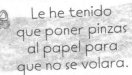

Le he tenido que poner pinzas al papel para que no se volara.

Bolígrafo
espacial

Luego descubrimos
bolígrafos espaciales
con gas dentro
que empuja la tinta.

Los rotuladores con punta
de pincel también funcionan
estupendamente.

¿Adónde vas?

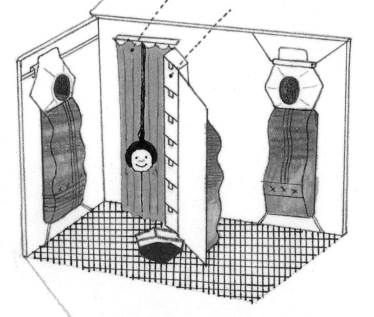

En la estación espacial el sol sale 16 veces cada día; no hay noche y día como en la Tierra, así que tenemos que ponernos antifaces para dormir.

¡Qué sueño tenemos! Nos vamos a la cama.
En la estación espacial dormimos en sacos de dormir.
Los sacos tienen que estar atados a las paredes;
si no, flotaríamos mientras dormimos y chocaríamos
entre nosotros o contra los muros.
Los sacos de dormir son como grandes bolsillos,
así dormimos como bebés canguro.

Hora de volver a casa

Suena el despertador y es hora
de volver a la Tierra. Nos despedimos
de los astronautas, atravesamos la conexión
con la nave espacial y, ¡plof!,
la nave se separa de la estación espacial.
Los propulsores se encienden
y nos dirigimos hacia la Tierra.
La estación espacial se queda lejos
y se va haciendo más y más pequeña.

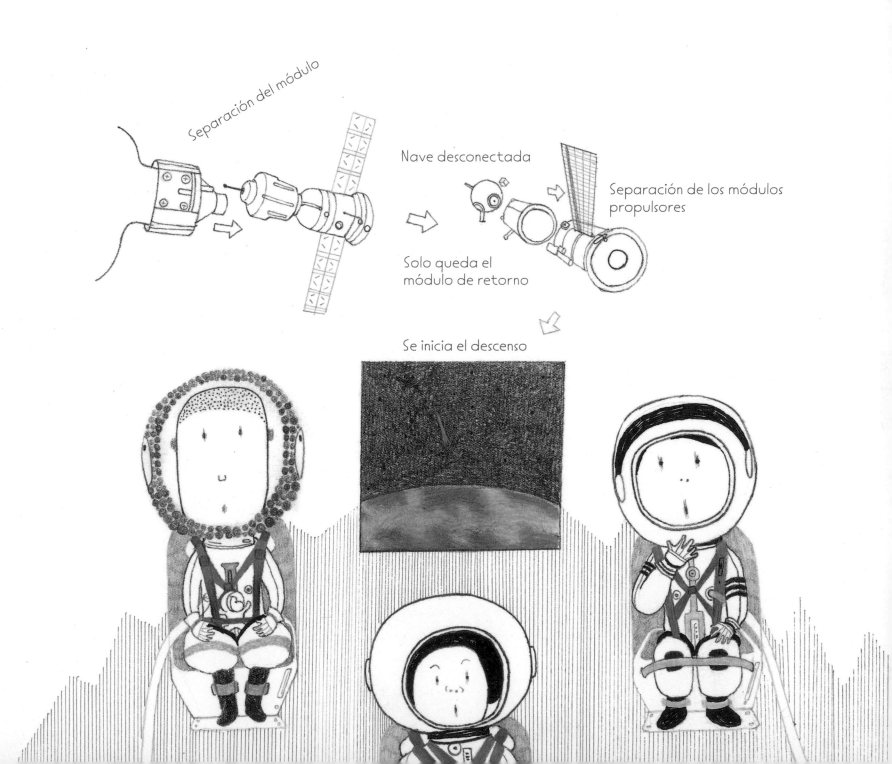

Separación del módulo

Nave desconectada

Separación de los módulos propulsores

Solo queda el módulo de retorno

Se inicia el descenso

La nave se dirige hacia
la Tierra a toda velocidad.
Cuando entra en contacto
con la atmósfera se inflama
y, después de un rato,
se despliega el paracaídas
y el módulo baja lentamente
hacia el suelo. Por fin,
hemos vuelto a la Tierra.

para frenar la caída.

se despliegan el paracaídas principal

Tras entrar en la
atmósfera,

y el paracaídas
auxiliar

¡Uy uy!

¡Ugh!

¡Uuuf!

Los propulsores se usan para conseguir

un aterrizaje suave.

¡Fuera los cascos!

Poing

Después de darle una patada a la escotilla, por fin pudimos salir.

Ya estamos en la Tierra.

¡Ju ju ju!

¡Operación retorno completada!

Astronauta
N.º1
de vuelta

Astronauta
N.º2
de vuelta

BIEN VENI DOS

Astronauta
N.º3
de vuelta